Inhalt

Bekleidungshersteller - auf EU-Ebene wachsen vor allem die Großkonzerne

Bekleidungshersteller - auf EU-Ebene wachsen vor allem die Großkonzerne

Markus Hofstetter

Kernthesen

- Nachdem die deutschen Bekleidungshersteller 2012 noch ein leichtes Umsatzwachstum erwirtschaftet hatten, stand 2013 ein dickes Minus in den Büchern.
- Zwar sind die Kennzahlen der europäischen Bekleidungsanbieter insgesamt im roten Bereich, aber die Milliardenkonzerne sind dennoch auf Wachstumskurs.
- Die Modenindustrie nutzt vermehrt das Franchise-Model für eine kostengünstige

Store-Expansion.

Beitrag

Die deutsche Bekleidungsindustrie wartet 2013 mit roten Zahlen auf

Die deutsche Bekleidungsindustrie hat 2013 dem Gesamtverband Textil + Mode zufolge mit einem negativen Ergebnis abgeschlossen. Die Umsätze der Bekleidungshersteller mit mehr als 50 Beschäftigten gingen um 2,8 Prozent auf 6,84 Milliarden Euro zurück. 2012 stand noch ein Plus von 0,8 Prozent in den Büchern. Die Zahl der Beschäftigten reduzierte sich um 2,6 Prozent auf 27 751. Nach Schätzungen des Verbandes belief sich der Gesamtumsatz aller Bekleidungsunternehmen, das heißt ab einem Mitarbeiter, auf 10,76 Milliarden Euro, nach 11,15 Milliarden Euro in 2012. (1), (2)

Positive Zahlen dagegen veröffentlicht der Branchenverband GermanFashion, der seine 340 Mitgliedsunternehmen zu ihrer wirtschaftlichen Lage befragte. Demnach schlossen die Bekleidungshersteller 2013 mit einem Umsatzplus von im Schnitt 2,4 Prozent auf rund zwölf Milliarden Euro ab. Da sich die wirtschaftliche Lage zum Jahresende hin immer weiter verbessert hat, erwarten die Mitglieder für 2014 einen Umsatzzuwachs von 3,8 Prozent.

Eine Grundlage für die positive Entwicklung ist laut GermanFashion der Export. Spitzenreiter bei den Exportländern war 2013 erneut Österreich, gefolgt von den Niederlanden, Frankreich, der Schweiz, Belgien, Russland, Polen, Italien, Großbritannien und Spanien. Der stärkste Zuwachs mit 13,5 Prozent wurde in Polen erzielt. Ein vielversprechender Markt mit einem Gesamtvolumen von 133 Milliarden Euro im Bekleidungssektor ist China. Noch sind die Einfuhren aus Deutschland ins Reich der Mitte mit 91 Millionen Euro auf niedrigem Niveau, aber sie wachsen stetig.

Auf der Beschaffungsseite steht China nach wie vor mit großem Abstand auf Platz eins, obwohl die Einfuhren von dort um 3,3 Prozent zurückgingen. Bangladesch entwickelte sich mit einem Wachstum von 10,7 Prozent zum zweitwichtigsten Markt und verdrängte die Türkei auf Rang drei. Es folgen die Niederlande, Indien, Italien, Vietnam, Kambodscha, Rumänien und Indonesien. GermanFashion schätzt, dass 65 Prozent der in Deutschland verkauften Bekleidung vom Handel selbst importiert werden, einen großen Teil davon aus Asien. Die deutschen Bekleidungshersteller hingegen sourcen stärker in europanahen Ländern. (3), (4), (5), [Abb. 1]

Auf europäischer Ebene sinken Erlöse sowie Zahl der Betriebe und Mitarbeiter

Auf europäischer Ebene gibt es keinen Anlass zum Jubel. Dem europäischen Textil- und Bekleidungsverband Euratex zufolge sank 2012 die Anzahl der Betriebe und Mitarbeiter in der Bekleidungsindustrie der EU-Länder. Die Erlöse schrumpften um drei Prozent auf 75,1 Milliarden Euro. Gezählt wurden 127 457 Betriebe mit knapp 1,1 Millionen Mitarbeitern, ein Rückgang um jeweils drei Prozent.

Nun hat die EU-Kommission einen Plan vorgelegt, mit dem die europäische Mode- und Highend-Industrie bis 2020 gestärkt werden soll. Zu den festgeschriebenen Initiativen gehören die Förderung von Ausbildung und Innovationen, eine Erleichterung bei der Beschaffung von Fördermitteln, besserer Schutz des geistigen Eigentums und faire Regeln für den Eintritt in neue Märkte. (6), (7)

Die europäischen Großkonzerne melden hohe Umsatzzuwächse

Zwar sinken auf EU-Ebene die Umsätze der Modebranche, die Milliardenkonzerne bauen ihren Vorsprung jedoch weiter aus. Unter den 21 Firmen im aktuellen TW-Ranking der umsatzstärksten Bekleidungslieferanten mit Erlösen von mindestens einer Milliarde Euro verzeichneten nur drei Rückgänge in 2012. Esprit, Benetton und der Private-Label-Spezialist Multiline. Die beiden ersteren hatten mit Überdistribution und Problemen bei Markenprofilierung sowie Preis-Leistung zu kämpfen. Trotz eines Umsatzrückgangs von 6,6 Prozent auf knapp 2,60 Milliarden Euro bleibt Esprit auf Platz zwei des Rankings. Benetton landete mit einem Umsatz von 1,81 Milliarden Euro, einem Minus von 5,4 Prozent, auf Rang zehn. Multiline führt das Umsatzminus von acht Prozent auf 1,27 Milliarden Euro auf die politischen Unruhen in Syrien zurück, durch die es immer wieder zu Produktionsstillständen kommt. Die Ausfälle konnten nicht vollständig durch Partnerfabriken in Ägypten und Bangladesch aufgefangen werden. Damit liegt das Unternehmen nun auf Platz 17.

Die anderen Unternehmen legten zum Teil kräftig zu. Adidas führt unangefochten das TW-Ranking an, der

Bereich Bekleidung legte 2012 noch einmal um fast zehn Prozent auf 6,29 Milliarden Euro zu. Doch auch der Sportgigant erhielt 2013 aufgrund der schwachen Konjunktur in vielen europäischen Ländern einen Dämpfer und musste konzernweit Umsatzrückgänge einstecken. Weiter auf Erfolgskurs bleibt Tommy Hilfiger. Die Holländer, die zum US-Konzern PVH gehören, erwirtschafteten 2012 ein Umsatzplus von 12,5 Prozent auf rund 2,50 Milliarden Euro. Für 2013 meldet das Unternehmen hohe einstellige Steigerungen. Auf Platz vier liegt Bestseller, das Unternehmen erhöhte den Umsatz immerhin um 4,8 Prozent auf knapp 2,45 Milliarden Euro. Kering, ehemals PPR, wächst vor allem mit den Luxusmarken wie Gucci. Insgesamt schaffte der Konzern ein Umsatzplus von fast 27 Prozent auf mehr als 2,3 Milliarden Euro. Damit kletterte Kering von Platz neun auf Rang fünf. Inzwischen hat sich das Wachstum jedoch deutlich verlangsamt, nach sechs Monaten 2013 meldet Kering für Puma-Bekleidung sogar ein Minus von acht Prozent. (7), [Abb. 2]

Modeindustrie nutzt Franchise für Store-Expansion

Franchising ist in Deutschland für Marken ein bedeutender Vertriebskanal und für Einzelhändler ein meistens lukratives Geschäftsmodell. Auch wenn die großen, klassischen Systemanbieter zuletzt zahlreiche Läden geschlossen haben, bei Esprit waren es 2013 rund 30, bei CBR 70, ist Franchising für die Lieferanten nach wie vor eine günstige Möglichkeit zu expandieren. Konzerne wie S.Oliver, Gerry Weber, Wortmann (Tamaris) und Bestseller setzen deswegen stark auf die Zusammenarbeit mit Handelspartnern. Extrem expansiv ist die Clinton-Gruppe, die innerhalb von rund anderthalb Jahren fast 100 Partner-Stores in Deutschland eröffnet hat. Für die Marken Camp David und Soccx gibt es inzwischen 220 Franchise-Läden. Daneben kommen neue Konzepte wie Witty Knitters und Adenauer&Co auf den Markt. Das Münchner DOB-Label Oui hat ein neues Partner-Store-Konzept erarbeitet und startet nun den Roll-out mit Franchise-Stores. Noch in diesem Jahr sollen fünf Läden in Österreich eröffnet werden. Hierzulande werden bereits drei Partner-Stores betrieben. Im kommenden Jahr soll auch im Inland das neue Franchise-Konzept ausgerollt werden. Auch Unternehmen aus dem Ausland wie die holländische DOB-Kette Shoeby oder Anbieter wie Aust und Ulla Popken, die bislang in Deutschland noch nicht mit Partner-Stores vertreten sind, wollen hierzulande mit Franchising starten.

Was sind die Vorteile von dem Modell für den Franchise-Geber? Als Händler vor Ort kennt der Franchise-Nehmer die Umgebung, den Markt und die

Kunden. Er kann seine Kunden viel intensiver und individueller betreuen, was zumeist auch zu entsprechend höheren Umsätzen führt. Nicht zu unterschätzen ist außerdem die Auswirkung unternehmerischer Verantwortung. Der Händler ist direkt vom Erfolg seines Geschäftes abhängig und trägt die Verantwortung für den Laden und seine Mitarbeiter. Daher ist sein Engagement oft um ein vielfaches höher, als bei vom Lieferanten eingesetzten Store-Managern in den eigenen Filialen.

Für den Franchise-Nehmer ist die Marktmacht und die Erfahrung der Industrie ein Vorteil. Denn hinter Franchise-Systemen stecken in der Regel ausgeklügelte und erprobte Konzepte, die jedes Detail vorgeben. Vom Ladenbau, der Außendarstellung, der Markenwerbung über die Sortimente bis hin zu Aktionen. Das heißt, Händler müssen sich nicht unbedingt um den Einkauf oder das Visual Merchandising kümmern, sondern können sich auf die für sie relevanten Faktoren konzentrieren, nämlich den Verkauf, die Personalentwicklung und -motivation sowie die Kundenbindung. Voraussetzung für den Erfolg ist jedoch auch die Begehrlichkeit einer Marke und die Flächenfähigkeit der Kollektion.

Franchise-Läden sind ein probates Mittel für die Industrie, zu niedrigeren Kosten zu expandieren, da sie nicht in Immobilien, Ladenbau und Personal investieren müssen. Der Franchise-Nehmer dagegen muss viel Geld in die Hand nehmen, da er die Kosten für Makler, Kaution, Bauarbeiten, Mobiliar, Deko und auch die Ware übernimmt. Die Lieferanten schnüren meistens Pakete, in denen etliche dieser Ausgaben gebündelt sind. Die Preise reichen von 480 bis 2 200 Euro pro Quadratmeter. (8), (9)

Fallbeispiele

Brioni: startet mit neuem Store-Konzept

Der Luxus-HAKA-Anbieter Brioni hat mitten in Frankfurt am Main das erste europäische Geschäft mit dem neuen Ladenkonzept eröffnet, das seit Oktober 2013 für alle neuen Läden des italienischen Modeherstellers gilt. Das Geschäft auf der Alten Rothofstraße verfügt über rund 320 Quadratmeter Fläche auf zwei Etagen und ist nach Düsseldorf der zweite Store des Unternehmens in Deutschland. Zur edlen Ausstattung des neuen Ladens gehört auch ein VIP-Raum für den Su Misura-Service, wo Kunden maßgeschneiderte Bekleidung bestellen können. Weitere deutsche Filialen sollen folgen. (10)

Kering: Auszeichnung für Nachhaltigkeitsengagement

Kering ist für das Engagement im Bereich Nachhaltigkeit ausgezeichnet worden. Die französische Luxusgüter- und Lifestyle-Gruppe gewann den Global Leadership Award in Sustainable Apparel (Glasa) 2014. Damit würdigte die Jury die ökologische Gewinn- und Verlustrechnung (Environmental Profit and Loss Account), die Kering 2011 erstmals für seine Sporttochter Puma für das Geschäftsjahr 2010 veröffentlicht hatte.

Glasa ist eine Initiative der Sustainable Fashion Academy (SFA) und wird von Organisationen wie The Antonia Axson Johnson Foundation for Sustainable Development, der Association of Swedish Fashion Brands und der Prince of Wales International Sustainability Unit unterstützt. (11)

Zahlen & Fakten

Abbildung 1: Chinesen schätzen Mode aus Deutschland

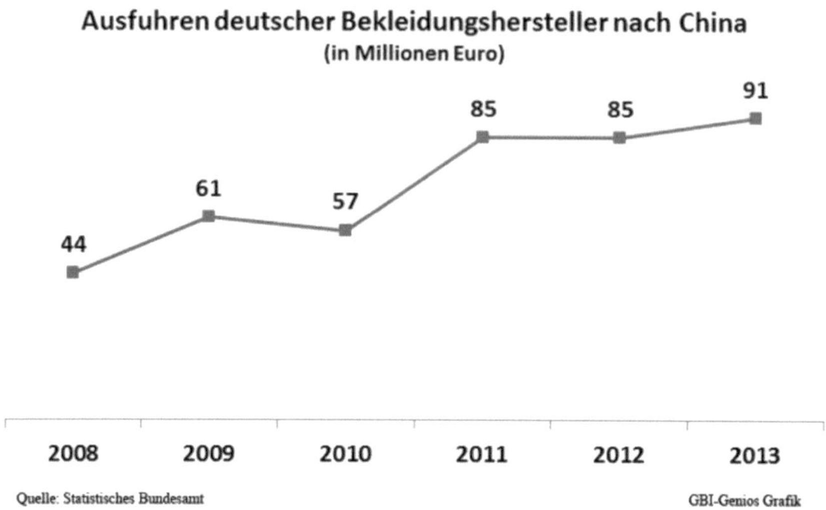

Entnommen aus: TextilWirtschaft, 14/2014, S. 31, (5)

Abbildung 2: Die größten Bekleidungslieferanten Europas

Rang	Unternehmen	Land	Labels	Umsatz in Mio Euro 2011	2012	Veränderung zum Vorj.
1	Adidas Group	D	Adidas, Reebock, TaylorMade u.a.	5.734	6.290	9,7%
2	Esprit */** (1)	D	Esprit, etc.	2.784	2.599	-6,6%
	Tommy Hilfiger */**	NL	Tommy Hilfiger,	2.227	2.506	12,5%

3	(1)		Hilfiger Denim, Hilfiger Sports			
4	Bestseller-Gruppe **/***	DK	Veo Moda, Only, Jack&Jones, Selected, u.a.	2.335	2.446	4,8%
5	Kering	F/I	Puma, Gucci, YSL, Bottega, Veneta, u.a.	1.870	2.371	26,8%
6	Hugo Boss (1)	D	Boss, Hugo	2.059	2.346	13,9%
7	Burberry Group */**	GB	Burberry	2.140	2.330	8,9%
8	Christian Dior Group +, (2)	F	Louis Vutton, Fendi, Marc Jacobs, Dior, u.a.	1.940	2.228	14,8%
9	Pentland Group	GB	Speedo, Berghaus, Ellesse, u.a.	1.728	2.146	24,2%
10	Benetton-Gruppe	I	United Colors of Benetton, Sisley, Playlife, u.a.	1.913	1.810	-5,4%

(1) Konzernumsatz mit Bekleidung und Schuhen (2) Umsatz inklusive Accessoires (+) Umsatz geschätzt * Geschäftsjahr 2012/2013 ** Geschäftsjahr 2011/2012 *** Geschäftsjahr 2010/2011 Entnommen aus: TextilWirtschaft, 39/2013, S. 40 bis 42, (7)

Weiterführende Literatur

(1) Textil- und Bekleidungsindustrie beendet 2013 mit Minus
aus www.textilwirtschaft.de vom 04.03.2014

(2) 2013 schließt mit einem leichtem Minus
aus www.textilwirtschaft.de vom 04.03.2014

(3) Deutsche Industrie schafft kleines Umsatzplus
aus TextilWirtschaft 05 vom 30.01.2014 Seite 006

(4) Umsatzplus in 2013
aus melliand Textilberichte Nr. 01 vom 13.03.2014 Seite 045

(5) Neue Chancen im Reich der Mitte
aus TextilWirtschaft 14 vom 03.04.2014 Seite 031

(6) EU: Modeindustrie soll gestärkt werden
aus www.textilwirtschaft.de vom 03.12.2013

(7) DIE GROSSEN WACHSEN WEITER
aus TextilWirtschaft 39 vom 26.09.2013 Seite 040 bis 042

(8) In Franchise verbunden
aus TextilWirtschaft 3a vom 13.01.2014 Seite 038 bis 042

(9) Oui expandiert mit neuem Partnerkonzept
aus www.textilwirtschaft.de vom 29.04.2014

(10) Brioni-Store in Frankfurt eröffnet
aus www.textilwirtschaft.de vom 03.01.2014

(11) Kering für Nachhaltigkeit ausgezeichnet
aus www.textilwirtschaft.de vom 24.04.2014

Impressum

Bekleidungshersteller - auf EU-Ebene wachsen vor allem die Großkonzerne

Bibliografische Information der deutschen Nationalbibliothek

Die Deutsche Nationalbibliothek verzeichnet diese Publikation in der deutschen Nationalbibliografie; detaillierte bibliografische Daten sind im Internet über http://dnb.d-nb.de abrufbar.

ISBN: 978-3-7379-5778-6